글 로저 빌라

바르셀로나 진화생물학 연구소에 있는 나비 다양성 및 진화 연구실 수석 연구원이에요.
국제 프로젝트를 15년 이상 이끌면서 유럽에 사는 나비 종 97퍼센트의 염기 서열을 밝혀냈지요.
사랑하는 두 딸 사비나, 다이애나와 함께 나비 연구를 위한 탐험을 했고, 그 결과를 이 책에 담았어요.

그림 레나 오르테가

일러스트레이터이자 디자이너로 세계 곳곳을 탐험했어요. 책과 여행에 대한 열정과 자연에서 영감을 받아
고래, 자연, 여행, 지도를 수채화로 그렸어요. 아이슬란드 후사비크 고래 박물관에
레나 오르테가가 그린 고래 그림들이 전시되었고, 그 그림을 모아 《고래》를 출간했어요.

옮김 조은영

어려운 과학책은 쉽게, 쉬운 과학책은 재미있게 옮기려는 과학도서 전문 번역가예요.
서울대학교 생물학과를 졸업하고 서울대학교 천연물과학대학원과 미국 조지아대학교 식물학과에서 석사 학위를 받았어요.
《10퍼센트 인간》《오해의 동물원》《유리병 속의 생태계》《이토록 멋진 곤충》《별별 상어와 동물들의 판타스틱 바다 생활》
《우리가 지켜 줄게》《나무의 세계》《새들의 방식》들을 우리말로 옮겼어요.

감수 백문기

인천대학교에서 알락명나방 무리의 분류학 연구로 박사학위를 받았어요.
국립보건원과 국립공원관리공단을 거쳐 가천길대학교 겸임교수로 일했고, 지금은 한반도곤충보전연구소 소장과
한국숲교육협회 이사 등으로 활동하고 있지요. 요즘에도 늘 산과 들을 돌아다니면서 여러 가지 곤충을 관찰해요.
쓴 책으로는 《세밀화로 그린 보리 어린이 나비 도감》《화살표 곤충 도감》《나비 나들이도감》
《한반도 나비 도감》《한국 밤 곤충 도감》《한국 나방 도감》들이 있어요.

Butterflies Secret Life
by Rena Ortega (Illustrator) and Roger Vila (Author)
Copyright © Mosquito Books Barcelona, S.L., 2022
All rights reserved
Korean translation copyright © Greatbooks Inc., 2022
Korean translation rights arranged with Mosquito Books Barcelona, S.L.
through Orange Agency

나비

공룡보다 오래 살아남은 작은 곤충의 비밀

로저 빌라 글 | 레나 오르테가 그림 | 조은영 옮김 | 백문기 감수

그레이트 BOOKS

차례

8 신기하고 이상하고 아름다운 곤충, 나비

10 공룡과 나비

12 확대경으로 들여다본 나비

20 변장술

22 초능력

24 여행

32 알

34 애벌레

36 번데기

신기하고 이상하고 아름다운 곤충, 나비

나비는 일생 동안 네 번의 다른 삶을 살아요. 매번 전혀 다른 생김새로 변신하여 한 번도 같은 모습인 적이 없지요. 능력은 또 얼마나 놀랍게요. 인간보다 많은 색을 보고, 기압을 감지하고, 몸으로 북쪽을 느끼고, 1킬로미터나 떨어진 곳에서 나는 냄새를 맡아요. 눈앞에서 감쪽같이 사라지거나, 깜짝 놀랄 모습으로 변신하죠. 하늘 높이 수천 미터를 올라가고, 높은 산맥을 넘고, 드넓은 바다와 메마른 사막을 건너요. 수개월 동안이나 눈 속에서 꽁꽁 얼어 있다가도 잠에서 깨어나듯 되살아나요. 나비는 지구에서 아주 오랫동안 살았어요. 공룡과도 함께 살았죠. 공룡은 멸종했지만, 나비는 공룡보다 오래 살아남았어요. 놀라운 회복력을 가졌거든요. 그래서 지금도 나비를 볼 수 있어요. 나비는 아름답기만 한 곤충이 아니에요. 우리 가까이에서 많은 비밀을 안고 살아간답니다. 자, 이제 나비의 비밀을 만나러 떠나 볼까요?

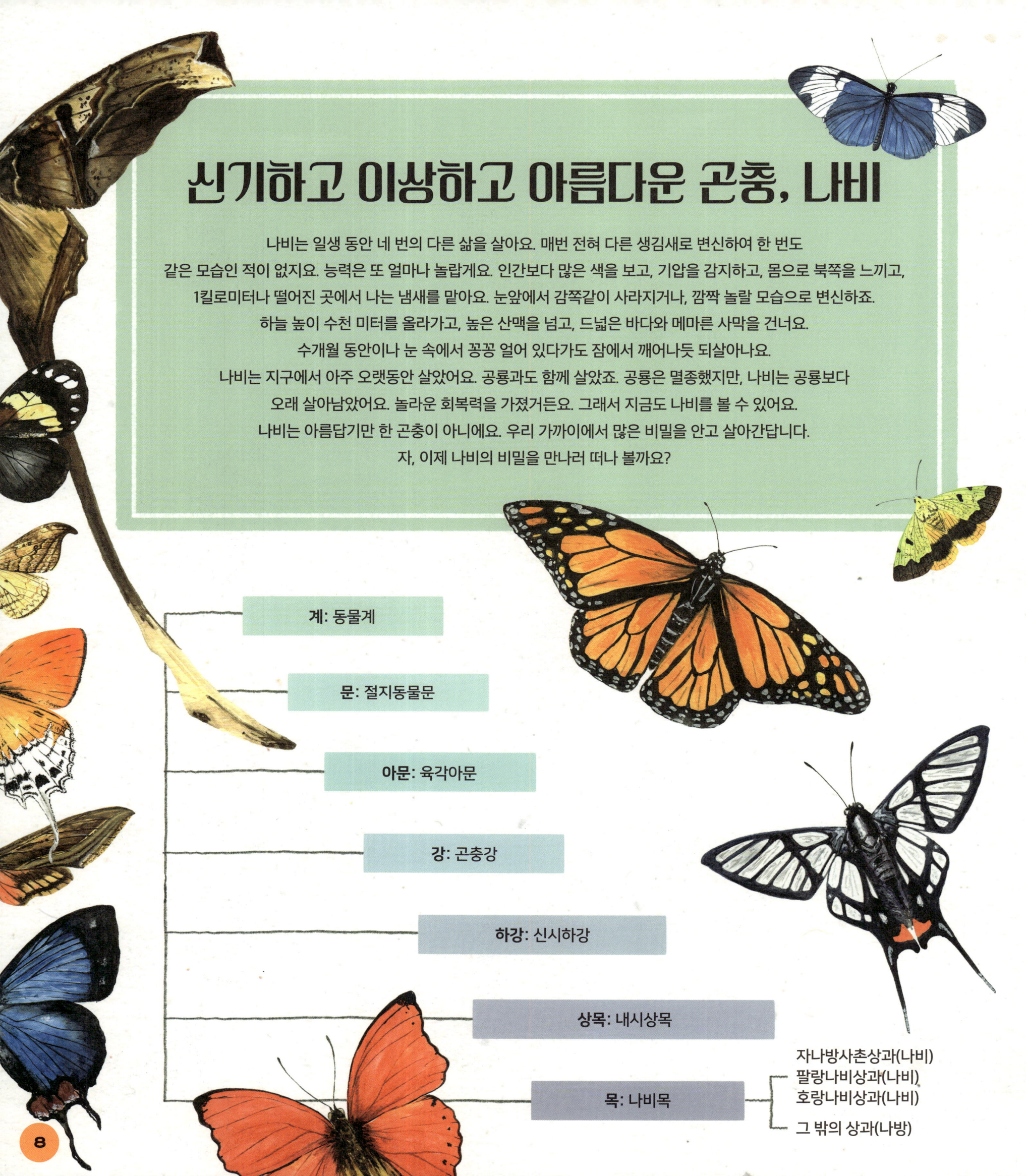

- 계: 동물계
- 문: 절지동물문
- 아문: 육각아문
- 강: 곤충강
- 하강: 신시하강
- 상목: 내시상목
- 목: 나비목
  - 자나방사촌상과(나비)
  - 팔랑나비상과(나비)
  - 호랑나비상과(나비)
  - 그 밖의 상과(나방)

나비과

호랑나비과

대개 크기가 크고 색깔이 화려해요. 날개에 꼬리가 있고, 바람을 타고 천천히 미끄러지듯 날아요.

팔랑나비과

크기가 작고 색깔이 눈에 잘 띄지 않아요. 날개를 아주 빨리 움직여서 날아요.

흰나비과
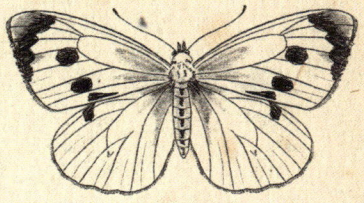
보통 크기의 일반적인 나비예요. 색깔은 흰색이나 노란색이에요.

네발나비과

가장 다양한 나비들이 속해요. 크기는 크거나 보통이고, 색깔은 갈색, 주황색 등으로 다양해요. 날개에 눈처럼 생긴 동그라미 무늬가 있어요.

부전네발나비과

크기는 작고, 모양이나 색깔이 천차만별이에요. 대부분 남아메리카 밀림에 살아요.

부전나비과

작고 파란 나비들이 속해 있어요. 꼬리가 있는 것도 있고, 없는 것도 있어요.

나방과

잎말이나방과
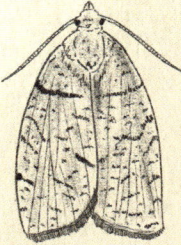
미소나방류의 하나로 작은 나방들이 속해요.

불나방과

중간 크기 나방이고, 색이 아주 강렬해요. 내 몸에 독이 들었으니 잡아먹지 말라고 천적에게 경고하는 거예요.

밤나방과

가장 많은 나방이 속해요. 대부분은 크기가 중간이거나 작아요. 쉴 때는 갈색 날개를 접고 있어요.

자나방과
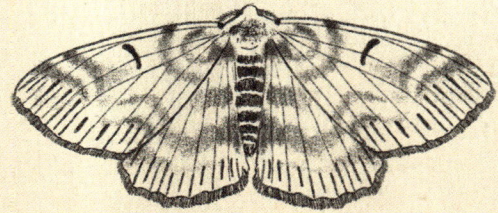
쉴 때 날개를 활짝 펴고 있어요. 이 나방의 애벌레는 몸을 웅크렸다가 펴면서 앞으로 나아가요.

박각시과

아주 긴 날개를 가진 커다란 나방이에요. 꼭 벌새처럼 날지요.

산누에나방과
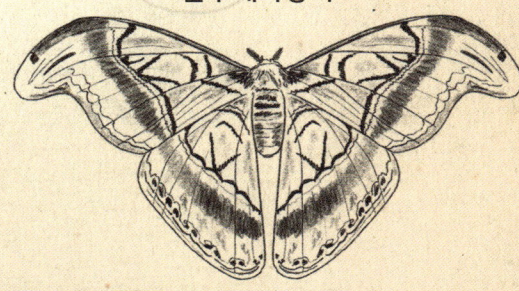
몸이 가장 큰 야행성 나방이에요. 보통 날개에 꼬리가 달렸거나 커다란 동그라미 무늬가 있어요.

| 2억 1000만 년 전 | 공룡 나방 | 1억 1000만 년 전 | 나비 | 6600만 년 전 |

공룡과 나비

나비는 지구에서 아주 오랫동안 살아온 생물이에요. 1억 년도 넘게 살았죠. 거대한 공룡 사이를 날아다니는 나비 모습을 상상해 보세요. 그 나비는 공룡처럼 몸집이 크지도, 괴물 같지도 않았어요. 지금 모습과 아주 비슷했죠. 몹시 연약해 보였을 테지만, 공룡이 멸종될 때에도 나비는 살아남았어요. 그런 나비들이 오늘날 사람 때문에 사라지고 있어요. 정말 슬픈 일이죠.

| 최초의 인류 | 250만 년 전 |
| 호모 사피엔스 | 30만 년 전 |

볼티니아 드람바(*Voltinia dramba*)

어떤 나비는 화석이 될 때 끈적거리는 나뭇진 속에서 굳어 호박이라는 보석이 돼요. 이 화석은 볼티니아 드람바라는 나비예요. 약 2000만 년 전에 카리브해에 있는 한 섬에서 나뭇진에 갇혀 버렸죠. 호박은 투명해서 다리털 하나까지 다 보여요. 금방이라도 날아가 버릴 듯 모습이 생생하답니다.

프로드리아스 페르세포네(*Prodryas persephone*)

나비 화석은 아주 드물고도 진귀한 보석이에요. 아름답기도 하지만 과학자에게 중요한 정보를 알려 주거든요. 지금까지 남아 있는 화석 가운데 가장 유명하고 멋지죠. 이 나비는 3500만 년 전쯤에 살았던 프로드리아스 페르세포네라는 나비인데, 죽으면서 눌어붙어 돌이 되었어요. 미국에서 처음으로 발견된 나비 화석이에요.

11

확대경으로 들여다본 나비

나비는 어떻게 생겼을까요? 다른 곤충처럼 나비도 다리가 여섯 개 있어요. 어떤 나비는 맨 앞에 있는 다리 두 개가 아주 작아요. 날개는 네 개 있고, 몸은 머리, 가슴, 배로 나뉘어요.

빨대주둥이
관 모양으로 돌돌 말린 나비 입을 빨대주둥이라고 불러요. 꽃꿀을 마실 때 써요.

우로피이아 메티쿨로디나
(Uropyia meticulodina)
기생재주나방이라고도 하는 이 나방은 돌돌 말린 마른 나뭇잎처럼 생겼어요. 하지만 실제로는 평평해요. 날개 무늬 때문에 생긴 착시효과로 그렇게 보이는 거랍니다.

하마드리아스속 *(Hamadryas)*
낮은 나무줄기에 날개를 펼친 채 언제나 땅을 향해 아래로 내려다보며 쉬고 있어요. 몸을 나무껍질 색깔로 위장했답니다.

폴리고니아 씨-알붐 *(Polygonia c-album)*
이 나비는 산네발나비라고 불리는데, 날개 아랫면이 갈색 참나무잎 모양이에요. 쉴 때면 날개 사이에 더듬이를 숨기고 꼼짝 않지요.

자나방 애벌레
무서우면 몸을 아주 곧게 뻗어요. 그러면 나무 잔가지와 전혀 구분할 수 없지요. 비슷하게 생긴 애벌레가 수천 가지나 있는데, 모두 갈색이나 녹색, 회색이에요.

멜라니티스속 *(Melanitis)*
먹나비속 나비를 말해요. 뱀눈나비아과의 다른 나비처럼 날개 아랫면이 갈색이에요. 바닥에 누워 날개를 펼치고 쉬고 있으면 나뭇잎이나 바위 사이로 사라진 것처럼 보이지 않아요.

위장의 달인

나비는 아주 작고 약한 동물이에요. 포식자에게 발견되면 바로 잡아먹히죠.
지금 우리와 함께 사는 나비는 수천만 년 동안 자연 선택과 진화를 거친 위장의 달인이에요.
주변 환경과 비슷하게 진화해 포식자의 눈에 띄지 않은 나비만 살아남았으니까요.
어떻게 위장하느냐고요? 나뭇잎, 나무줄기, 이끼 따위를 흉내 내어 모습을 바꾸죠.
위장할 때는 색깔 못지 않게 적당한 장소에 자리 잡는 것도 중요하답니다.

칼리마속(Kallima)
날개를 접고 있으면 영락없이 나뭇잎처럼 보여요. 낙엽이나 나무줄기, 나뭇가지에 앉아 완벽하게 위장하죠. 나뭇잎을 흉내 내는 나비는 아주 많아요.

에우탈리아속(Euthalia) 애벌레
언제나 나뭇잎 한가운데 앉아요. 몸에 뚜렷한 선이 있어서 나뭇잎의 주맥을 흉내 내요.

네모니아속(Nemonia)
자나방과의 이 나방은 날개를 활짝 펴고 주변 환경과 잘 섞여요. 초록색 나방은 나뭇잎 위에, 갈색 나방은 나무줄기에, 흰색과 회색 나방은 바위나 지의류 위에 앉아 있어요.

키타이리아스속(Cithaerias)
오랜 시간에 걸쳐 비늘이 조금씩 사라진 바람에 날개가 투명해졌어요. 햇빛이 잘 들어오지 않는 열대 지방 숲속에서는 거의 눈에 보이지 않을 정도랍니다.

나비목: 나비와 나방

나비와 나방을 합쳐서 나비목이라고 불러요. 아주 독특한 곤충 집단이죠.
나비는 낮에 날아다녀요. 보통 색깔이 밝고 더듬이 끝이 볼록해요.

나방은 주로 밤에 날아다니고 색깔이 밋밋해요. 하지만 모든 나방이 그런 건 아니에요. 어떤 나방은 낮에도 활발하게 돌아다니고 나비한테 질세라 날개가 아주 화려하죠. 나방 더듬이는 두 종류예요. 실 모양이거나 깃털 모양이에요.

나비와 나방을 연구하는 과학자를 인시류학자라고 불러요.

비행

나비가 하늘을 나는 곤충이라는 건 모두가 알아요.
하지만 나는 방법이 세 가지라는 사실은 잘 모를 거예요.

펄럭이기
나비 대부분은 1초에 다섯 번쯤
날개를 펄럭이며 날아요.

떨기
어떤 나방은 1초에 45번이나 날갯짓을 해요.
팔을 날개처럼 움직이며 나비를 따라 해 보세요.
그럼 얼마나 빠른지 금세 알 거예요.
이 나방은 날개가 길고 좁아요. 마치 벌새처럼 보이죠.
뱅글뱅글 돌거나 정지 비행을 하고 다른 나방보다 훨씬 빨리
날아요. 하지만 이렇게 날려면 에너지가 많이 필요해요.
그래서 에너지를 보충하려고 여기저기 많은 꽃을 찾아다녀요.

날지 못하는 나방도 있어요!

어떤 나방의 암컷은 날개가 없거나 너무 작아서 날지 못해요. 수컷이 찾아올 때까지 조용히 기다렸다가 짝짓기를 해요. 그리고 애벌레일 때 머물렀던 바로 그 식물 위에 알을 낳는답니다.

활공하기

날개가 큰 나비나 나방은 바람을 타고 활공해요. 이렇게 날면 날개를 많이 움직이지 않아도 되어서 에너지를 아낄 수 있어요.

변장술

모든 나비가 천적의 눈을 피해 숨는 건 아니에요. 어떤 종은 과감하게 변장을 하죠.
독사나 말벌, 또는 눈이 커다란 부엉이처럼요. 그러면 포식자가 감히 가까이 가지 못하거든요!

의태
잡아먹히지 않으려고 다른 종을 흉내 내는 전략이에요. 보통 독이 있거나 맛없는 나비 무늬를 따라 하지요. 새들이 그 나비는 먹지 않으니까요.

칼리고속(*Caligo*)

부엉이나비라고도 해요. 왜 이런 이름이 붙었는지 알겠죠? 날개 아랫면의 둥근 반점이 꼭 부엉이 눈처럼 생겨서 쥐나 새, 도마뱀 같은 작은 포식자는 달아나 버린답니다! 길이가 14센티미터쯤 되는 아주 큰 나비예요.

아우토메리스 이오
(*Automeris io*)

날개에 동그라미 무늬가 있는 나방이 많아요. 올빼미나 부엉이 눈처럼 보여서 작은 포식자가 겁을 먹고 도망치거든요. 이 무늬를 안점이라고 해요.

키아노키타 크리스타타
(*Cyanocitta cristata*)

파랑어치예요. 나비와 애벌레를 즐겨 먹죠. 이 새 주변에 있는 나비는 변장으로 자기 몸을 지켜요. 생물학자는 나비 모양과 색깔이 어떻게 포식자를 속이는지 알아내려고 새를 길들여서 실험해요.

헤메로플라네스 트립톨레무스
(*Hemeroplanes triptolemus*)

뱀 머리가 달린 이 친구는 대체 누구일까요? 놀랍게도 나방 애벌레예요. 위협을 받으면 재빨리 머리를 부풀려서 뱀 얼굴이 되죠. 그러고는 눈을 반짝이며 노려봐요.

세시아 아피포르미스(*Sesia apiformis*)

말벌이냐고요? 아니요, 나방이랍니다! 노랗고 검은 줄무늬, 길쭉하고 투명한 날개. 꼭 말벌을 닮았죠. 쏘이면 아픈 줄 아는데 누가 감히 이 나방을 건드리겠어요?

호랑나비 애벌레

어떤 나비 애벌레는 고약한 냄새를 풍기는 새똥을 흉내 내요. 이런 모습으로 나뭇잎에 앉아 있으면, 새가 잡아먹기는커녕 건드릴 생각도 하지 않아요!

녹색부전나비아과(Theclinae)

녹색부전나비아과에 속한 나비들은 날개 뒤쪽에 반점, 색깔, 광채, 그리고 가늘고 약한 꼬리가 있어요. 포식자의 시선을 뒤쪽으로 끌고 공격을 유도하죠. 그러면 날개가 조금 다치더라도 도망칠 수 있거든요. 이 나비 등에 눈과 더듬이가 달린 가짜 곤충의 머리가 보이나요?

초능력

나비한테 초능력이 있다는 사실을 아나요? 나비는 사람이 볼 수 없는 자외선을 볼 수 있어요. 우리보다 더 많은 색깔을 감지하죠. 예를 들면 파란색 주위로 색이 더 풍부하고 넓은 무지개를 본답니다.

나비와 나방의 더듬이는 크게 세 종류로 나뉘어요. 나비 더듬이는 곧게 뻗은 모양이고 끝이 두꺼워요. 야행성 나방은 대부분 더듬이가 실처럼 가늘어요. 어떤 나방의 수컷은 더듬이가 깃털처럼 생겼어요. 암컷이 뿜어내는 냄새를 감지하죠.

나방 암컷
실 모양 더듬이

나방 수컷
깃털 모양 더듬이

나비
곤봉 모양 더듬이

인간 눈에는 꽃이 이렇게 보여요.

같은 꽃이 나비 눈에는 이렇게 보여요.

우리 눈에는 하얀색 또는 노란색으로 보이는 꽃에서도 나비는 반점과 무늬를 보아요. 나비마다 아름답다고 느끼는 꽃이 다르죠. 그래서 나비는 각자 자기가 가장 좋아하는 종류의 꽃만 찾아가요. 나비가 사람처럼 세상을 본다면 아마 굉장히 지루해할 거예요.

22

나비는 기압을 느껴요. 날씨가 맑을지 폭우가 쏟아질지 미리 알 수 있지요. 나비는 자기장도 느껴요. 나침반이 없어도 북쪽을 알 수 있어서 이동할 때 문제없이 길을 찾아요.

나비 눈에는 인간이 볼 수 없는 색깔이 보여요.

나비는 냄새도 아주 잘 맡아요. 코가 몸 전체에 달렸거든요. 더듬이에도, 다리에도, 배에도 코가 있어요. 나비는 식물 냄새를 맡으면 알을 낳기에 적당한 장소인지 알 수 있답니다. 냄새로 짝짓기할 짝을 찾기도 해요.

3. 미국멋쟁이나비(*Vanessa virginiensis*)는 겨울을 피해 캐나다에서 멕시코까지 이동해요.

여행

어떤 나비는 철새처럼 계절에 따라 이동해요. 날씨가 너무 덥거나 추울 때, 또는 먹이가 없으면 살기 좋은 곳을 찾아 날아가요. 매년 같은 나비가 같은 경로로 이동해요.

1. 작은멋쟁이나비(*Vanessa cardui*)는 믿을 수 없을 만큼 먼 거리를 옮겨 다녀요. 세계 어디에서나 보이는데, 매년 여름이면 수백만 마리가 유럽 북쪽 지방에서 태어나서 사하라 사막을 건너가 아프리카 사바나에 사는 사자들 틈에서 번식해요. 그곳에서 식물이 말라 버리면, 처음 길을 떠났던 나비의 딸과 손녀가 유럽으로 돌아와요.

2. 아시아에 사는 작은멋쟁이나비는 수천 미터 높이를 날아 히말라야 산맥을 넘어 시베리아에서 인도와 중국 남쪽 지방까지 이동해요.

나비는 어디로 갈지 어떻게 알까요? 또 길은 어떻게 찾을까요?

과학자들이 아직도 풀지 못한 수수께끼예요. 하지만 이미 밝혀진 놀라운 사실도 있어요. 나비는 몸속에 나침반이 있어요. 어디가 북쪽인지 몸으로 느낄 수 있답니다.

티사니아 아그리피나
(Thysania agrippina)

남아메리카
32센티미터

나비 기록 대회

세상에서 가장 큰 나비는 파푸아뉴기니에 사는 오르니톱테라 알렉산드라이(*Ornithoptera alexandrae*)예요.
몸길이가 무려 28센티미터나 되고 암컷이 수컷보다 커요.
날아다닐 때면 꼭 새처럼 보여요. 학명도 "새의 날개"라는 뜻이랍니다.
세상에서 가장 큰 나방은 남아메리카에 사는 티사니아 아그리피나(*Thysania agrippina*)예요.
몸길이가 32센티미터나 되죠. 그렇다고 몸무게가 가장 무겁지는 않아요.

오르니톱테라 알렉산드라이
(Ornithoptera alexandrae)

파푸아뉴기니
28센티미터

미크롭시케 아리아나
(Micropsyche ariana)

아프가니스탄
2센티미터

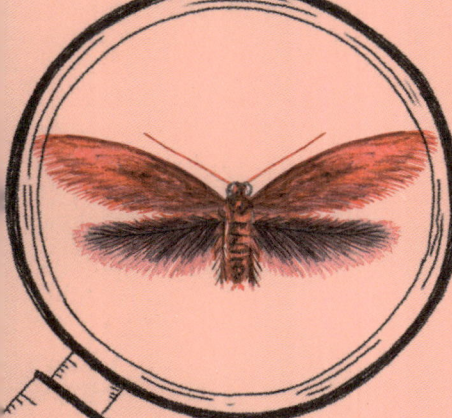

세상에서 가장 작은 나비는 미크롭시케 아리아나(*Micropsyche ariana*)예요.
아프가니스탄에 사는 아주 희귀한 종인데 몸길이가 2센티미터밖에 안 돼요.

세상에서 가장 작은 나방은 꼬마굴나방과(Nepticulidae) 나방이에요. 작아도 아주 작죠.
가장 작은 나방은 3밀리미터도 채 안 되니까요. 확대경으로 봐야 보일 정도랍니다.

꼬마굴나방과
0.3센티미터 2센티미터

가장 빠른 나비와 나방

세상에서 가장 빠른 나비는 팔랑나비과 나비이고,
가장 빠른 나방은 박각시과 나방이에요.
둘 다 시속 60킬로미터로 날아요. 달리는 말만큼이나 빠르죠.

 시속 100킬로미터

   시속 60킬로미터

세상에서 가장 빠른 달리기 선수도 따라잡을 수 없어요!  시속 44킬로미터

가장 멀리 나는 나비

세상에서 가장 멀리 나는 나비는 바네사 카르두이(*Vanessa cardui*)예요. 보통 작은멋쟁이나비라고 부르죠.
매년 수백만 마리가 열대 아프리카에서 북극권까지 날아갔다가 돌아오는데, 총 1만 2,000킬로미터를 이동하는 셈이에요.
그 길에 번식도 하고 죽기도 하기 때문에 전체 여정은 6~10세대가 지나야 마무리돼요.
나비 한 마리도 아주 먼 거리를 날아요. 짧은 생애 동안에 바람의 도움을 받으면 최대 4,000킬로미터까지 날 수 있답니다.

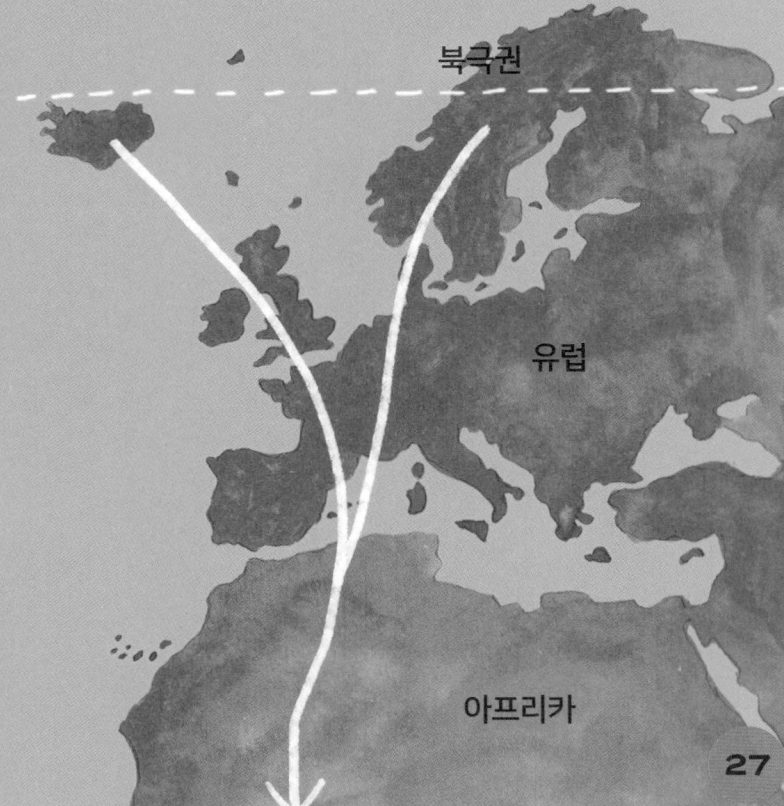

북극권

유럽

아프리카

20센티미터 32센티미터

27

나비, 나방 어른벌레는 보통 빨대주둥이로 꽃꿀을 빨아먹고 살아요. 잘 익은 열매나 나무 수액, 벌꿀을 마시기도 해요.

먹이

애벌레는 보통 식물의 잎을 먹어요. 식성이 까다로워서 종마다 정해진 식물 몇 가지만 골라서 먹는답니다. 어떤 애벌레는 입맛이 특이해서 꽃이나 열매, 나무만 먹어요. 육식하는 애벌레도 있는데, 다른 곤충을 잡아먹거나 심지어 자기 형제자매를 먹기도 해요!

입이 없는 나방

어떤 나방은 입이 없어서 먹지 않아요.
애벌레일 때 몸에 쌓아 둔
영양분으로 살아요.

수컷 나비가 광물에서 염분과 같은
무기질을 얻으려고 축축한 흙 위에 잔뜩
모여 있어요. 동물 오줌이나 똥, 심지어
죽은 동물 몸에서도 염분을 얻는답니다.
나비가 팔 위에 내려앉았다고요?
그건 땀을 빨아먹고 싶어서일 거예요.
땀 속에 있는 소금기를 아주 좋아하거든요.

짝짓기

나비와 나방은 어른이 되면 고작 몇 주밖에 살지 못해요. 그동안 해야 할 일이 있어요. 바로 번식이에요.
나비와 나방은 짧은 시간에 알을 많이 낳아요. 어떨 땐 몇백 마리나 되죠.

가장 먼저 할 일은 같은 종의 짝을 찾는 거예요.
나비는 종류가 많아서 제 짝을 찾기가 쉽지 않아요.
수컷 나비가 색깔을 보고 찾아가면 결정은 암컷이 내려요.
더듬이로 수컷의 냄새를 맡고 같은 종인지 아닌지를 확인하죠.
어떤 나비는 공중이나 땅에서 춤을 추듯 짝짓기 예식을 해요.

모든 나비가 배 끝을 마주 대고 짝짓기해요.
종마다 모양이 달라서 같은 종하고만
짝짓기할 수 있어요. 나비 암컷과 수컷은 교미 자세로
몇 시간도 버틸 수 있어요. 대개 꼼짝 않고 있지만
가까이 다가가서 겁을 주면 그 상태로 날아간답니다.

유혹의 무기

페로몬: 나비를 비롯한 많은 동물이 짝을 유혹하고 지배하려고 사용하는 향수예요.

나방은 어떻게 어두운 밤에 짝을 찾을까요? 수컷 나방한테는 깃털처럼 생긴 더듬이가 있어요. 무려 1킬로미터나 떨어진 곳에서도 암컷 냄새를 감지하죠. 종마다 암컷이 풍기는 냄새가 달라요. 밤이 되면 우리가 알아채지 못할 뿐, 공기 중에 온갖 향수 냄새가 진동한답니다.

알

모든 나비와 나방이 알을 낳아요. 드물지만 암컷 몸속에서 알이 부화할 때도 있어요.
확대경으로 보면 종마다 알 모양과 색깔이 달라요.
알은 애벌레가 더위에도 죽지 않고 비가 와도 젖지 않게 하면서도 숨을 쉬게 보호해 줘요. 정말 대단하죠.

네 번 사는 나비

알, 애벌레, 번데기, 어른벌레. 나비는 이렇게 전혀 다른 모습으로 네 번의 삶을 살아요. 전체 과정은 짧게는 한 달, 길면 몇 년에 걸쳐서 일어나요.

알 색깔은 시간에 따라 달라지기도 해요. 애벌레가 알 껍질에서 나오기 직전에는 투명해지죠. 안에 들어 있는 작은 애벌레의 모습이 보여요.

애벌레

애벌레에게 주어진 임무는 딱 하나예요. 많이 먹고 쑥쑥 크기.
애벌레는 아주 빨리 자라요. 보통 식물을 먹고 사는데 늘 배가 고프죠.
몸이 길고 머리가 크고 턱이 튼튼해서 먹이를 잘 씹어요.
머리 쪽에는 짧은 다리 여섯 개가 몰려 있어요. 나머지 몸에는
작은 갈고리가 달린 가짜 다리가 있죠. 물체를 붙잡거나 걸을 때 사용해요.

호시탐탐 애벌레를 잡아먹으려고 노리는 천적이 아주 많아요.
애벌레는 놀라운 모양과 색깔로 포식자를 놀래켜 쫓아내죠.
그중에서도 가장 희한하게 생긴 애벌레들을 소개할게요.

번데기

애벌레가 적당한 크기로 자라면 그때부터는 더 먹지 않고
조용한 장소를 찾아가 번데기가 되어요.
번데기는 나뭇가지에 매달려 있거나 땅속에 몸을 묻고 있어요.
누에나방 같은 나방은 제 몸에 실을 둘러 고치를 만들고
그 안에 들어가서 몸을 보호해요.

번데기는 주변 색깔에 잘 어울리도록
대부분 갈색과 초록색이 뒤섞여 있어요.
가끔 황금색이나 은색을 띠는 번데기도 있답니다.

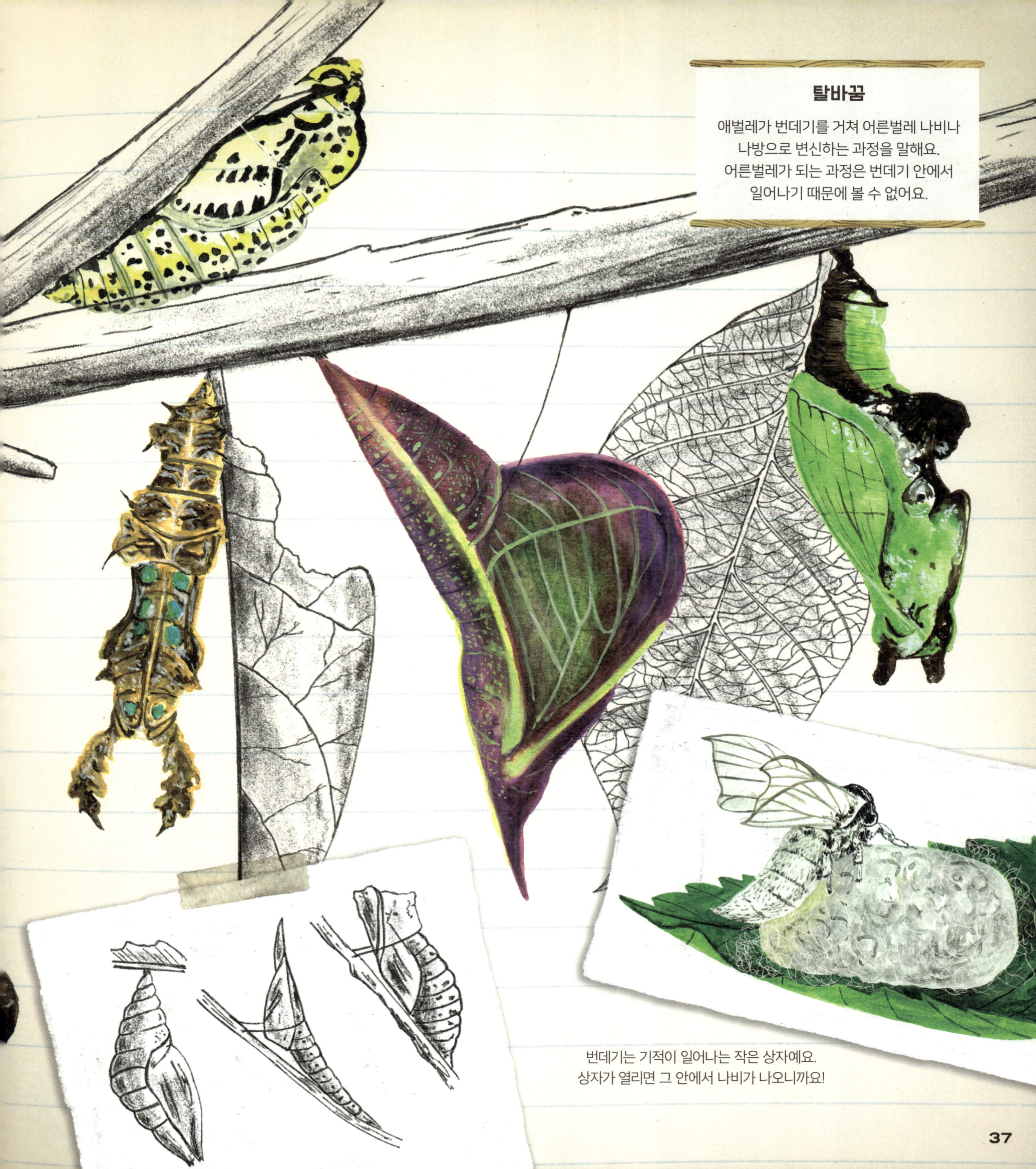

탈바꿈
애벌레가 번데기를 거쳐 어른벌레 나비나 나방으로 변신하는 과정을 말해요. 어른벌레가 되는 과정은 번데기 안에서 일어나기 때문에 볼 수 없어요.

번데기는 기적이 일어나는 작은 상자예요.
상자가 열리면 그 안에서 나비가 나오니까요!

겨울나기

나비는 맑고 따뜻한 날씨에만 날아다녀요.
비가 내리는 날에는 꼼짝 않고 있지요.
날개가 물에 젖지 않아서 비를 맞아도 괜찮아요.
다른 곤충처럼 나비도 대부분 겨울이 오면 깊이 잠들어요.
추워도 동상에 걸릴 일이 없답니다.

어떤 나비는 어른벌레 모습으로 겨울을 나요. 동굴이나
나무에서 추위를 피하죠. 그러다가 봄이 오면 잠에서 깨어
따뜻한 곳으로 날아가요. 그곳에서 허기를 채울 꽃을 찾아요.

대부분 겨울을 알이나 애벌레, 번데기 상태로 보내요.
눈 속에 숨어 있는 모습을 보면 꼭 죽은 것 같죠. 하지만 죽은 게 아니라
봄이 오길 기다리는 거예요. 봄이 오면 다시 활동을 시작하지요.
어떤 애벌레는 실을 뽑아서 여럿이 함께 집을 짓고 그 안에서 지내요.

휴면기

나비가 활동하지 않는 기간을 말해요. 이때 나비는
잠을 자는 것처럼 보이죠. 겨울에는 아주 낮은 기온을,
여름에는 아주 높은 기온을 견딜 수 있어요.

다양한 나비의 세계

세상에는 각양각색의 나비와 나방이 살아요. 그 종류가 무려 20만 종이나 된답니다!
그런데도 매년 곤충학자들이 새로운 종을 발견해요.
나비는 남극을 뺀 모든 대륙에서 살아요. 남극은 너무 추워서 꿀을 줄 꽃이 없거든요.

1. 제레네 케소니아(*Zerene cesonia*, 북아메리카) 2. 우라니아 리페우스(*Urania ripheus*, 마다가스카르) 3. 리산드라 벨라르구스(*Lysandra bellargus*, 유럽)
4. 악티아스 마이나스(*Actias maenas*, 아시아) 5. 아마타 알리키아(*Amata alicia*, 아프리카) 6. 키모토이 상가리스(*Cymothoe sangaris*, 아프리카)

7. 키타이리아스 아우로리나(*Cithaerias aurorina*, 남아메리카) **8.** 아케론티아 아트로포스(*Acherontia atropos*, 유럽과 아프리카)
9. 르헤투스 아르키우스(*Rhetus arcius*, 남아메리카) **10.** 오르니톱테라 아이사쿠스(*Ornithoptera aesacus*, 인도네시아)
11. 헬리코니우스 멜포메네(*Heliconius melpomene*, 중앙아메리카와 남아메리카) **12.** 키레스티스 티오다마스 돌담무늬나비(*Cyrestis thyodamas*, 아시아)

일

나비는 아름답고 흥미롭기만 한 곤충이 아니에요. 아주 중요하고 또 소중한 곤충이기도 하죠. 나비가 없는 세상은 무채색이 될 거예요. 자연의 미묘한 균형도 깨지고요. 나비는 생태계에서 아주 중요한 일을 하거든요.

나비는 많은 동물의 먹잇감이에요. 새, 파충류, 작은 포유류, 그 밖의 곤충들이 나비를 먹고 살지요. 박쥐는 대부분 나방을 먹고 살아요. 나비와 나방이 없으면 많은 동물이 사라질 거예요.

나비는 식물을 먹고 살아요. 특히 애벌레는 식탐이 많아서 많은 식물을 먹어 치우죠. 그렇게 식물의 생장을 조절해요. 애벌레가 사라지면 어떤 식물은 너무 빨리 자라서 다른 식물을 숨 막히게 할 거예요.

나비는 꽃가루를 옮겨요. 이 꽃 저 꽃 돌아다니며 꽃가루를 전달하는 덕분에 식물이 열매를 맺고 번식할 수 있어요. 나비가 없으면 많은 식물이 사라지고 말 거예요.

나비를 구해 주세요

전 세계에서 나비들이 사라지고 있어요. 점점 수가 줄고 어떤 나비는 이미 멸종했어요. 나비를 구하려면 여러분의 도움이 필요해요. 나비가 어떤 위험에 처해 있고, 또 우리가 나비를 위해 어떤 일을 할 수 있는지 알려 줄게요.

살충제

논과 밭에서 사용하는 살충제가 나비를 죽여요. 살충제를 쓰지 않고 키운 유기농 식품을 먹고, 환경을 잘 돌봐 주세요.

기후 변화

지구 온난화가 산속에 사는 나비를 죽이고 있어요. 그 나비들은 추위에 적응했거든요. 다른 지역에 사는 나비는 가뭄 때문에 괴로워해요. 기후 변화는 휘발유와 석유를 너무 많이 써서 일어나요. 그러니까 에너지를 낭비하지 않는 것이 좋아요.

1) 사용하지 않을 때는 전등이나 가전제품을 꺼 놔요.
2) 되도록 대중교통이나 자전거를 이용하고, 할 수 있으면 걸어 다녀요.
3) 제품을 운반할 때도 휘발유가 사용돼요. 집 가까운 곳에서 물건을 사면 나비를 구할 수 있어요.

사라지는 서식지

나비들이 살 곳을 잃고 있어요. 꽃이 피는 들판이 나비가 주로 사는 곳이거든요. 마당이나 베란다, 창턱에 꽃을 심으면 나비가 그 꽃꿀을 먹고 살 수 있을 거예요. 여러분이 키우는 식물의 잎을 애벌레가 먹어도 너그럽게 봐줘요. 대신 애벌레의 모습을 보면서 탐구해 봐요. 집에 작은 생태계가 생길 테니까요!

나비 공룡보다 오래 살아남은 작은 곤충의 비밀

초판 1쇄 발행 2022년 3월 25일

글 로저 빌라 | 그림 레나 오르테가 | 옮김 조은영 | 감수 백문기
개발2실장 김문주 | 단행본1팀 이선아 정윤경 | 디자인 이아진
제작 박천복 김태근 고형서 | 마케팅 윤병일 박유진 | 홍보디자인 최진주

펴낸이 김경택 | 펴낸곳 ㈜그레이트북스
등록 2003년 9월 19일 제313-2003-000311호
주소 서울시 구로구 디지털로31길 20 에이스테크노타워5차 12층
대표전화 (02) 6711-8676 | 홈페이지 www.greatbooks.co.kr

ISBN 978-89-271-0549-7

• 이 책은 저작권법에 따라 보호받는 저작물이므로 무단전재와 무단복제를 금합니다.

사용연령: 4세 이상
제조국: 한국
주의사항: 책장에 손이 베이거나 책 모서리에 다치지 않게 주의하세요.
KC마크는 이 제품이 공통안전기준에 적합하였음을 의미합니다.

Butterfly
Diversity &
Evolution Lab